FABIANO ORMANEZE

ILUSTRAÇÕES

KAKO RODRIGUES E LEONARDO MALAVAZZI

PARAGUAÇU
Madalena Paraguaçu

1ª edição – Campinas, 2022

"Ser mulher indígena no Brasil é você viver
um eterno desafio, de fazer a luta, de ocupar os
espaços, de protagonizar a própria história."
(Sônia Guajajara)

Fazia pouco tempo que os primeiros portugueses tinham chegado ao Brasil, e eles ainda estavam surpresos não só com a quantidade de pessoas que habitavam essas terras distantes, mas também com os hábitos que lhes pareciam tão exóticos. Calculariam depois que eram cerca de 3,5 milhões de indígenas, que se distribuíam em milhares de etnias diferentes, fosse à beira-mar ou no interior.

A região onde hoje é o litoral da Bahia era habitada pelo povo tupinambá, e por ali ficava o principal ponto de desembarque dos europeus nas terras recém-conquistadas.

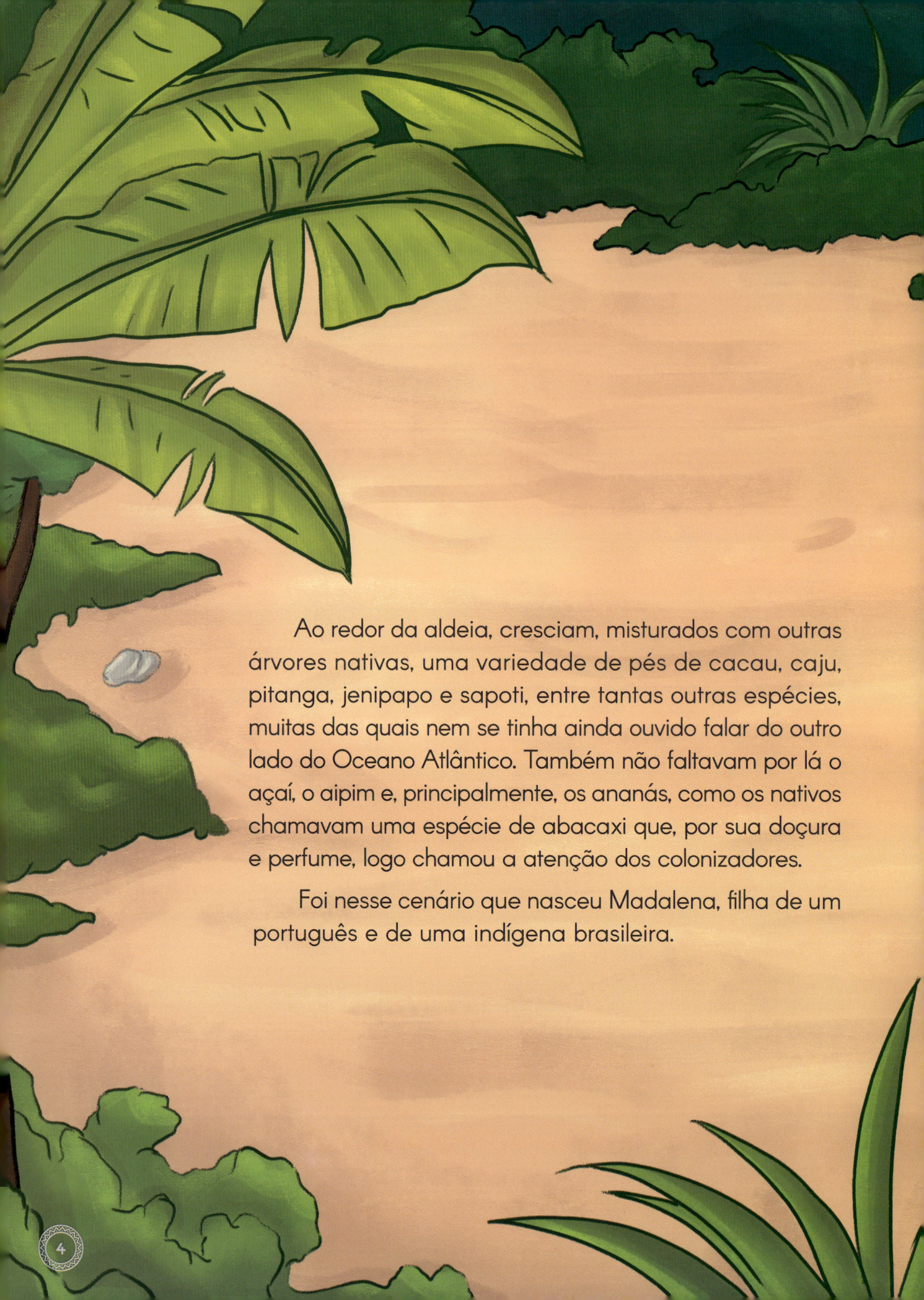

Ao redor da aldeia, cresciam, misturados com outras árvores nativas, uma variedade de pés de cacau, caju, pitanga, jenipapo e sapoti, entre tantas outras espécies, muitas das quais nem se tinha ainda ouvido falar do outro lado do Oceano Atlântico. Também não faltavam por lá o açaí, o aipim e, principalmente, os ananás, como os nativos chamavam uma espécie de abacaxi que, por sua doçura e perfume, logo chamou a atenção dos colonizadores.

Foi nesse cenário que nasceu Madalena, filha de um português e de uma indígena brasileira.

Em 1510, depois de ter naufragado, chegou à Bahia de Todos os Santos o português Diogo Álvares Correia. Quando ele foi resgatado pelos indígenas, logo lhe deram o apelido de Caramuru, que significava "moreia" na língua daqueles nativos. Afinal, tal qual era comum acontecer com o animal aquático, ele tinha sido encontrado na costa, entre pedras e algas.

Vivendo com os indígenas, Caramuru aprendeu a língua dos nativos, o que, em pouco tempo, passou a servir para intermediar contatos com os portugueses, que ali aportavam em busca do pau-brasil — do qual era extraída a tinta vendida a alto preço na Europa. Com o tempo, Caramuru começou também a comercializar a madeira com piratas franceses. A convivência entre brancos e indígenas não era nada pacífica. Muitos nativos já tinham sido capturados e escravizados.

O cacique dos tupinambás era Itaparica, que depois deu seu nome a uma ilha na Bahia de Todos os Santos. Ele tinha uma filha, Paraguaçu, por quem Caramuru se apaixonou. Naquela época, era muito comum que os portugueses se envolvessem com as indígenas, muitas vezes até mesmo à força. Eles se casaram e, como era costume, ela recebeu um nome português, considerado cristão: Catarina — uma homenagem à rainha de Portugal.

Na aldeia delineada pelas imensas e frondosas árvores da Mata Atlântica, o casal teve vários filhos, entre eles Madalena, de quem até mesmo os monarcas portugueses ouviriam falar.

A história de Paraguaçu se repetiu com a filha, tão logo ela se tornou uma moça. Em 1534, num vilarejo que começava a se formar e que seria mais tarde Salvador, Madalena se casou com o português Afonso Rodrigues, que tinha chegado ao Brasil quatro anos antes, na caravana de Martim Afonso de Souza. Nessa expedição vieram cerca de 400 portugueses, com o objetivo de iniciar a permanência no Brasil e impedir que outros povos, como os franceses, tomassem posse das novas terras.

Como forma de inserir hábitos europeus na colônia, a cerimônia de casamento de Madalena e Afonso foi bem diferente daquela a que os indígenas estavam acostumados. Nada de ritual ao ar livre, nem cacique, muito menos evocação a Tupã. Tudo aconteceu conforme os costumes portugueses, numa capela, ainda em construção, dedicada a Nossa Senhora da Vitória. Seria a segunda igreja a ficar pronta no Brasil.

Logo depois de se casar, Madalena começou a se interessar pelos livros que o marido trouxera de Portugal e pelas cartas que ele escrevia. O que será que significava aquela tinta colocada sobre o papel? O que era possível dizer quando se movimentava a pena? E aquelas folhas agrupadas, que traziam tantas letras e algumas poucas imagens?

Essas perguntas intrigavam Madalena, ao mesmo tempo que a faziam perceber que havia um outro mundo para além daquela imensidão do Atlântico, de onde ela avistava a chegada das embarcações, trazendo outros portugueses e logo içadas, carregadas de madeira e outras riquezas da floresta.

Madalena aprendeu a juntar letras e formar palavras com a ajuda de Afonso e apoiada pelo pai. E foi assim que ela se tornou a primeira pessoa nascida no Brasil a ser alfabetizada.

O elo que havia criado com o mundo do outro lado do oceano, por meio das palavras em português que ela tinha aprendido, não a distanciou do povo indígena. Milhares de nativos morriam em lutas travadas com os colonizadores, ao fazerem resistência à exploração da terra ou pelo cansaço de serem submetidos a trabalhos forçados, como escravizados. Madalena se inquietava ao ver tanto sofrimento.

Em 1549, a Coroa Portuguesa decidiu mandar ao Brasil um governador-geral. Era Tomé de Sousa, que desembarcou no dia 29 de março daquele ano. Com ele, vieram também seis religiosos da ordem dos jesuítas, comandados pelo padre Manuel da Nóbrega. Seria mais uma tentativa de reforçar o domínio sobre as terras conquistadas.

Se aos indígenas que acompanharam o casamento de Madalena e Afonso a forma de rezar dos portugueses já parecia estranha, agora, tinham de lidar com as constantes tentativas de catequização por parte dos jesuítas, que lhes impunham o catolicismo. Esses mesmos padres também tinham recebido da Coroa Portuguesa o encargo de implantarem as primeiras escolas na colônia.

Madalena encontrou na relação com os religiosos uma forma de clamar por ajuda para seu povo. Em 26 de março de 1561, ela escreveu uma carta ao padre Manuel da Nóbrega, que se surpreendeu em saber que já havia uma mulher alfabetizada entre os indígenas. Com esse ato de Madalena, ele tinha também em mãos aquele que hoje é considerado o primeiro documento escrito por uma pessoa nascida no Brasil.

A importância dada às mulheres entre os tupinambás era bem diferente do que se via entre os portugueses. No povo de Madalena, as mulheres eram consideradas companheiras, sem que fossem tidas como inferiores aos homens.

A elas competia plantar, fazer farinha, preparar as bebidas, produzir os utensílios, cuidar dos animais e aves que viviam na aldeia, como os papagaios, aos quais gostavam de ensinar algumas poucas palavras de sua língua. Para os homens, além de entrarem nos confrontos, o trabalho era caçar, pescar e construir as tabas e povoações.

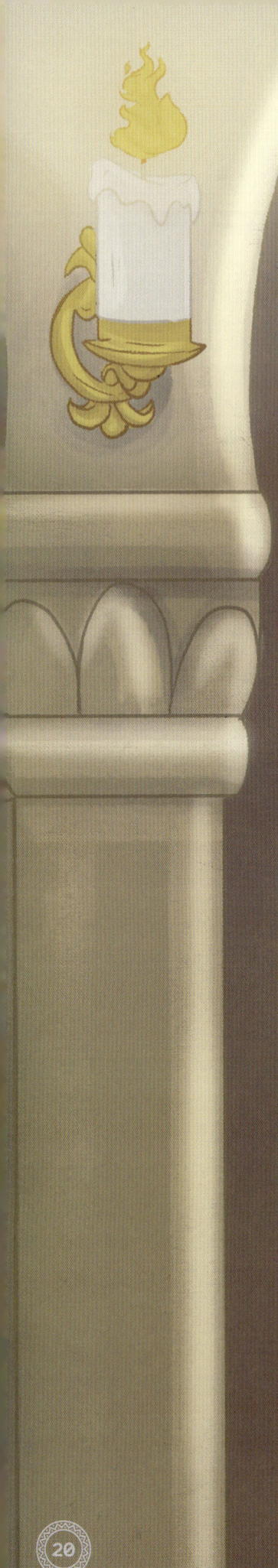

Com a chegada dos jesuítas, os homens indígenas, principalmente os mais jovens, passaram a aprender a ler e a escrever, em português e em latim, o idioma usado durante as missas da época. A solicitação de Madalena era de que as mulheres pudessem ir às aulas. Além disso, ela pedia pelo fim dos maus-tratos às crianças, tanto indígenas quanto negras, já que, desde 1550, passaram a ser trazidos ao Brasil povos africanos que, assim como os nativos, também eram escravizados.

Apesar de essa carta ter se perdido, vários trechos são citados por historiadores desde o século XVIII. Em uma das partes mais contundentes, Madalena pedia que fossem salvos os meninos, "que se veem separados dos pais cativos, sem conhecerem Deus, sem falarem nossa língua e reduzidos a esqueletos". Aos poucos, a indígena incorporava fragmentos da cultura portuguesa no que falava e na forma como agia. São documentos como essa carta e os relatos desses historiadores que fizeram com que a história de Madalena tenha chegado até os dias de hoje.

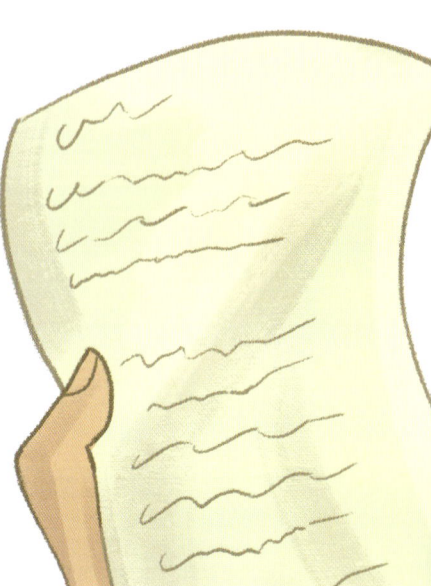

O Padre Manuel se solidarizou com a correspondência, sobretudo porque os jesuítas eram contrários à escravidão indígena. Em sua viagem seguinte a Portugal — uma travessia que demorava cerca de 45 dias — ele levou o pedido à rainha, Dona Catarina da Áustria, casada com o rei, Dom João III. Apesar da carta com as reivindicações e os relatos das crueldades, o padre não foi ouvido.

A ideia, que o Padre Manuel pensava ser original e oportuna, foi considerada ousada demais pela monarca. Nem em Lisboa havia escolas para meninas! Imagine fazer isso na colônia... Às garotas da época só eram reservados o aprendizado dos afazeres domésticos e a formação para se tornarem mães e esposas.

Madalena Paraguaçu morreu no final do século XVI, sem ver nenhum de seus pedidos realizados. A escravidão indígena demoraria para ser proibida. Apenas em 1758 ela foi extinta em todo o Brasil, depois de ter sido substituída integralmente pela escravidão dos negros.

Por muito tempo, as mulheres ainda continuariam sem ter direito a frequentar as salas de aula. Só em 1824, quando o Brasil já era independente, começaram a ser abertas escolas para meninas.

A convivência pacífica e respeitosa entre indígenas e brancos, outro sonho que a jovem tupinambá expressou em sua carta, ainda não chegou...

A história de Madalena é quase desconhecida. O pouco do que se sabe vem de alguns fragmentos de documentos e relatos de religiosos, como o jesuíta Simão de Vasconcelos e o frei Santa Rita Durão. No século XIX, um historiador, Francisco Varnhagen, mais conhecido como Visconde de Porto Seguro, também dedicou alguns parágrafos de seus livros para narrar a história da indígena.

Com tão poucos registros, quase não há homenagens a ela. Uma rua em Salvador recebeu o seu nome. Em 2001, os Correios lançaram um selo comemorativo, fazendo referência à luta pela alfabetização feminina.

Já cinco séculos depois de seu nascimento, Madalena Paraguaçu — às vezes chamada Madalena Caramuru — também virou nome de vários projetos de luta pelos direitos das mulheres, dos indígenas e da educação no Brasil. O mais conhecido deles funciona em Goiás, estimula a leitura e oferece apoio à gestão de bibliotecas públicas do estado. Entre livros, a memória. Na história da ancestralidade brasileira, está o legado de Madalena.

Querido leitor,

A editora MOSTARDA é a concretização de um sonho. Fazemos parte da segunda geração de uma família dedicada aos livros. A escolha do nome da editora tem origem no que a semente da mostarda representa: é a menor semente da cadeia dos grãos, mas se transforma na maior de todas as hortaliças. Nossa meta é fazer da editora uma grande e importante difusora do livro, transformando a leitura em um instrumento de mudança na vida das pessoas, desconstruindo barreiras e preconceitos. Entre os principais temas abordados nas obras estão: inclusão, diversidade, acessibilidade, educação e empatia. Acreditamos que o conhecimento é capaz de abrir as portas do pensamento rumo a uma sociedade mais justa. Assim, nossos valores estão ligados à ética, ao respeito e à honestidade com todos que estão envolvidos na produção dos livros e com os nossos leitores. Vamos juntos regar essa semente?

Pedro Mezette
CEO Founder
Editora Mostarda

EDITORA MOSTARDA
www.editoramostarda.com.br
Instagram: @editoramostarda

Fabiano Ormaneze, 2022

Direção:	Pedro Mezette
Coordenação:	Andressa Maltese
Produção:	A&A Studio de Criação
Revisão:	Beatriz Novaes
	Elisandra Pereira
	Marcelo Montoza
	Mateus Bertole
	Nilce Bechara
Diagramação:	Ione Santana
Ilustração:	Bárbara Ziviani
	Anderson Santana
	Felipe Bueno
	Henrique Pereira
	Kako Rodrigues
	Leonardo Malavazzi

Dados Internacionais de Catalogação na Publicação (CIP)
(Câmara Brasileira do Livro, SP, Brasil)

Ormaneze, Fabiano
  Paraguaçu : Madalena Paraguaçu / Fabiano Ormaneze. -- 1. ed. -- Campinas, SP : Editora Mostarda, 2022.

  ISBN 978-65-88183-82-3

  1. Alfabetização - Literatura infantojuvenil 2. Mulheres indígenas - Brasil - Literatura infantojuvenil 3. Paraguaçu, Madalena - Biografia - Literatura infantojuvenil I. Título.

22-128895 CDD-028.5

Índices para catálogo sistemático:

1. Madalena Paraguaçu : Biografia : Literatura infantojuvenil   028.5
2. Madalena Paraguaçu : Biografia : Literatura

Nota: Os profissionais que trabalharam neste livro pesquisaram e compararam diversas fontes numa tentativa de retratar os fatos como eles aconteceram na vida real. Ainda assim, trata-se de uma versão adaptada para o público infantojuvenil que se atém aos eventos e personagens principais.